THE MESSAGE OF A MASTER

マスターの教え

［富と知恵と成功］をもたらす秘訣

ジョン・マクドナルド
JOHN McDONALD

山川紘矢・亜希子 訳
Kouya Yamakawa & Akiko Yamakawa

飛鳥新社

THE MESSAGE OF A MASTER
CLASSIC TALE OF WEALTH, WISDOM, & THE SECRET OF SUCCESS

by JOHN McDONALD

出版にあたって

この『マスターの教え　「富と知恵と成功」をもたらす秘訣』のような本を発見できたことは、出版を仕事としている私の最大の喜びです。すばらしい発見とは、思わぬところから生まれるものですが、この本の誕生もまさにそのとおりでした。ある時、私たちのところへ本を運搬していたトラックの運転手が、出版の仕事をしている私たちが自分のお気に入りの本に興味を示すのではないかと考えたのです。それは何十年も前に書かれ、すでに絶版になっていた『THE MESSAGE OF A MASTER』(原題)という本でした。彼は一冊しかない大切な本を私たちにプレゼントしてくれました。それは読み古した小さな本でした。

この奇蹟《きせき》のような小さな本の誕生のいきさつは、ほとんど何もわかっていません。それはカリフォルニア出版という名の出版社から、一九二九年に出されましたが、この出版社はすでになく、著者についても何の情報も発見できませんでした。私たちにわかったことといえば、作者はおそらく並はずれて賢い人物だったということだけです。なぜならば、彼が強力なパワーの持主であり、簡潔でありながら、とても役に立つ本を書ける人物であったことは確実だからです。

この本は深くくり返し読むべき本です。著者も言っているように、本を読んでゆくうちに、もし、あなたの仕事か夢について、何か考えがひらめいたら、しばらくの間、この本をかたわらにおき、その考えについて瞑想《めいそう》してください。すると、とても役に立つアイディアが浮んでくることでしょう。

私はこの本について、深く研究してきました。そして、これからもそうするつもりです。本書はまさに私たちを変革する強力な道具だからです。

――マーク・アレン

読者の皆さんへ

この本は、一連のメモをもとに、一つの物語とわかりやすい実習にまとめたものです。その順序に関しては、注意深く、メモを書き取ったとおりにしてあります。読者に対する効力が減じないようにという配慮からです。人生の生き方をマスターするにはどうしたらよいかを、お説教や難解な教義ではなく、はっきりと、わかりやすく、しかも一歩一歩、実際に効果のある簡単な方法論として、宇宙の法則に沿って書いています。

ページの中に、説明のできない「何か」が確実にあります。そして、それがすばらしい霊力を持ち、読者にダイナミックな確信と気づきを与えてくれます。

この本は性急にとばし読みをしたり、表面的に読む本ではありません。この本の持つ、きわめて貴重な知恵を学びとってください。短い本ですから、一回か二回読み終ったら、次は、ゆっくりと深く熟考しながら勉強することを、是非ともおすすめします。

本書が伝えているメッセージは他の誰《だれ》でもなく、あなた自身に向けられています。一つひとつの提言を完全に理解し、納得するように努めてください。すると言葉の背後にある霊力をとらえることができます。次にその教えを、あなた自身の性格と理解力に応じて使うようにしてください。あなたの仕事、あるいは夢について、何かアイディアがひらめいた場合は、すぐ本を横において、しばらくの間、そのアイディアを黙想してください。そうすると、とても役に立つさらなるアイディアがあなたの心に浮ぶでしょう。

多くの読者の中には、この突拍子もないように思える説明に懐疑的な人もいるかもしれません。私も最初は信じられませんでした。しかし、これからくり広げられる物語と実習の方法は、必ず価値のあるものだと思います。何が起るか、心を開いてこの本を読んでください。そのあとでどうするかは、あなたの自由です。

マスターの教え《富と知恵と成功》をもたらす秘訣◎目次

前篇◎出会い

第一章

僕は自分の運命の主人だ

それは金曜日の午後のことだった。私は遅い昼食からオフィスにもどったばかりだった。すでに使用人たちはその日の仕事を終って帰ってしまい、私はオフィスに一人きりだった。このところずっと、商売の方は下り坂で、私は心配だった。私はあまり多くもない手持ちの現金の大部分を危険な投資にまわしていたが、それらはことごとく失敗に終っていた。やることなすことすべてがまずくゆき、実際のところ、私は、自分の事業歴の中で、最も重大な危機に直面していたのだった。

私は自分の直面している問題をどうすればよいか考えこんで、椅子《いす》に腰かけていた。その時、電話が鳴った。それは長年の友人からで、電話を通して彼のなつかしい声が聞こえた。そして彼の話し方が私を驚かせた。まだ一か月もたたない前、彼は医者の緊急のすすめに従って、ヨーロッパへ旅立ったばかりだったからだ。医者は船に乗って旅をすれば、環境が変わり、健康が回復するかもしれないと言ったのだ。奇妙なことに、その時の彼は、今私が陥っているような状況にあり、彼自身ひどく心配していた。彼は気分がとても落ちこんでいて、ひどいノイローゼ状態であった。

彼と最後に別れた時の印象は、まさに悲劇そのものであった。彼は哀れなほど打ちひしがれていた。彼と再びこの世で会えることはないだろうと思ったほどであった。しかし、彼は再びもどってきたのだった。そして彼には何か、すごい変化が起っている様子だった。彼の話し方は驚くほど力にあふれており、実に生き生きとしていたので、私は、

「君に何か奇蹟《きせき》でも起ったのに違いない」

と言った。すると彼は、

「今、君が思っていることにほとんど近いことが起ったのだ」

と答えたのだった。

「僕があまりにも早く帰国したので君も驚いたことだろう。君は、もう僕には二度と会えないだろうなんて思っていたよね。でも、僕は帰ってきた。しかも、僕は世界一幸運な男だと思う。僕は今までこんなことがあるなんて思ってもみなかったことを学んだのだ。もはや、僕にとって、不可能なことはなくなった。僕は何でもできるんだ。僕は自分の運命の主人だ。そして、僕は自分の人生を、自分が望むとおりにすることができる。でも、僕のことを気がおかしくなったなどと思わないでほしい。それは僕の話を聞くまで、待ってほしい」

私は笑った。しかし、その笑いは驚きと心配のいり混ったものだった。

「何か新しい種類の宗教でも見つけたのかね？」

と私はたずねた。

「いや、決してそんなものではない。宗教とは全然関係がない。でも僕は一人の男と出会ったんだ。その人は本物のマスターで、すばらしい人物だ。彼は自分の能力を開発して、何でもできるようになった人だ。彼が僕に、とほうもない秘密を教えてくれたんだ。君も知ってのとおり、あの時、僕は健康を害し、お金もなくしていた。でも今は健康になったし、すぐに財産もつくることができると思う」

私はもちろん、彼の話を聞きたいと思った。そこで、その夜、私たちがメンバーになっているクラブで会う約束をした。

「では、今夜、クラブで会おう。その時に、誰《だれ》にでも起りうる、驚くべき一連のことについて、君に話そう」

そう言って、彼は電話を切った。

私は数分の間、まるで夢でも見ているような感じがした。どんな話を聞かされるのか、そのことで頭がいっぱいになり、ぼんやりと椅子にかけていた。自分が急に大きくふくらんで、部屋が狭くなり、自分のいる場所が小さすぎて窮屈になったような気がした。私は外に出て、新鮮な空気の中で、思いきり広がってみたくなった。彼の話の中に、きっと自分にとって、すばらしく役に立つことがあるに違いない、という予感がした。私は一刻も早く彼の話を聞きたくて待ちきれなかった。その日、昼間のあいだずっと、私は町を歩きまわって、そわそわと時間を過し、クラブに出かける時間がやってくると、やっとほっとしたのだった。

私がクラブに着くと、その友人からクラブに電話が入っていて、緊急なことが起り、今夜は外出できなくなった。会うのは明日の夜にしてほしい、とのメッセージが届いていた。私が仕方なく帰りかけた時、すでに彼に会ったという三人の友人に出くわした。三人が三人とも、彼がものすごく変わってもどってきたことに、驚きをかくしきれない様子だった。私はあまり人とは話さないで、クラブをあとにした。私は彼に会えなくて、失望し、みじめな気持だった。私は暗い夜道をとぼとぼと歩いて家にもどった。

その夜、私は興奮状態で頭が混乱し、ほとんど一睡もできなかった。おそらく、彼は健康を害していた間に、気がおかしくなって、頭の中で架空の物語を作りあげてしまったに違いない。彼の話すおとぎ話みたいな話を信じこんでしまうのは、まったく馬鹿げたことだと思ったりもした。

しかし、そのおとぎ話が、どうしたことか、私の頭の中にこびりついて、離れようとはしなかった。でも明日になれば、すべてはあきらかになることなんだからと考えて、私は自分をなぐさめたのだった。

第二章

不思議なことは誰の人生にもよく起るものです

次の夜、その友人は新品の高級車に乗ってクラブに到着した。豪勢なことに、私たちはその車で近くの高級レストランに乗りつけ、そのレストランの個室に入った。そこで他の客に邪魔されずに、二人だけで話す機会を得たのだった。

彼の身の上に、何か奇蹟《きせき》的な変化が起ったことに間違いはなかった。彼は健康そうで、生き生きと輝いていた。その上、彼には、驚くほど、ものに静かな落ち着きがあり、相手に安心感を与える雰囲気があった。彼と一緒にいると、私は完全なやすらぎを感じた。彼には、どう言い表していいのかわからないが、ある種の存在感があった。

私は自分が感じている感動をかくすことができなかった。彼には確かに自分が必要としている何かがあると確信したが、自分にはそれが手に入れられないのではないかという、言い表しがたい不思議な恐れがあった。

私たちは、最初、しばらくの間、黙っていた。ややあってから、彼は自分が出発した日と較《くら》べて、違って見えるかどうか聞いた。彼が天啓を受けたようでもあり、神秘的に見えさえすることを、私は認めざるを得なかった。彼は自分の物語を語り始めた。

＊

私がここを発《た》った時、私の人生はめちゃめちゃでした。私は真剣に自殺を考えていました。しかし、あまりにも恐ろしくて、死ぬことはできませんでした。私にとって、生きることも、死ぬことと同じように怖かったのです。そして、少しも気の休まることはありませんでした。ただ動き続けることで、その場をしのいでいました。おそらく、私は救いがたい状況にいたのだと思います。

ある日、ロンドンのある劇場で、私はマスターと呼ばれる人物に出会いました。今では彼を友人と呼ばせてもらっていることに、とても感謝しています。

ロンドンでのその夜のことを振り返ってみると、私の絶望感と、何か救いがほしいという強烈な気持が、私をその人物にひきあわせたのではないかという気がします。私はその日、劇場で安い切符を買いました。ところが、何か説明のつかない理由で、安い切符のかわりに、ボックスシートの切符を受け取ってしまったのです。こうしたとても不思議なことは、誰《だれ》の人生にもよく起るものです。しかし、私たちはそれを無視します。それはよくわかっていないからです。そしてそれが単なる偶然にすぎないと思ってしまうのです。しかし、今は、それが単なる偶然ではなかったということがわかっています。

その人は私の不安に気がついている様子でした。私には彼が特別の人だという気がしました。というのは、彼はまわりにすばらしい輝きを放っていたからです。私は本能的に、彼に心の内を打ち明けたいという思いにかられました。何年も前に本で読んだことのある、偉大な霊的存在とともにいるという幸運を、自分は今、体験しているのだと、何かが私にささやきかけていました。信じられないかもしれませんが、その人の前に立った時、私はほとんど瞬間的に、とても平和な気持になったのです。

劇がすんでから、その人物は私を近くのカフェにさそいました。私たちがカフェに入ってゆくと、そこにいた人々がいっせいに彼に注目しました。店の人々は、特に彼を鄭重《ていちょう》にあつかい、尊敬の念を示しました。私はこの人物は何か魔法の力を持っているのではないか、と思いました。私は思いつくかぎりの質問を彼にしてみようと心に決めました。そして彼が許してくれるのなら、彼の答のすべてをメモにとろうと決心しました。

彼は、次の日、ニューヨークに向けて船で出発することになっていると言いました。私が、

「御一緒させていただいてもいいですか？」

とたずねると、彼は同意してくれました。話が終った時、彼は出された請求書に自分のイニシアルを書いただけでした。タクシーを呼ぶために店の外に出た時、私は彼に、

「このカフェにはよく来るのですか？」

と聞きました。驚いたことに、彼は、

「ここには初めて来たのだ」

と答えました。

「でも勘定は支払われるから大丈夫だよ」

と言って、私を安心させせました。

「正しい態度でいれば、すべての状況をコントロールできるということをあなたに見せようと思って、イニシアルだけをしたためたのだよ」

と彼は言いました。

私は彼の言葉の意味がよくわからなかったのですが、きっとあとになれば、すべてがわかるのだろうと思いました。

その夜、ベッドの中でうとうととしていると、その日のできごとが走馬燈のように浮んできました。そして、起ったことが、夢ではないかと、自分の幸運を信じることができませんでした。しかし、その夜、私はやすらかに眠ることができました。何か月ぶりかのことでした。

第三章

人は誰でもすばらしい力をもっている

次の日、その日どんなことが起るのか、わくわくしながら、私は朝早く目を覚しました。そして、早速、船旅の予約をしにでかけました。でも、すでに予約はいっぱいだと言われました。ところが、がっかりして帰ろうとした時、呼びとめられたのです。そして、「たった今、一つ予約がキャンセルされたので、あなたは予約できます」と言われました。私は、これはあの友人の「魔法」に違いないと感じました。その時、私はそれを「魔法」と呼んでいましたが、私の勘はどうも正しかったようです。というのは、確かに彼が私のために空きを作ったのだと、彼があとで認めたからです。

その時、私はまだ、ものごとがどのように作用するのか、理解していませんでした。しかし、今はわかっています。それがあまりにも簡単なので、見過してしまうのです。

ともかく、私はその旅客船に乗ることができました。私の友人は従者を連れてその船に乗りこみました。そして、いつものように、彼は親切な人々に囲まれていました。私はその航海のほとんどの間、彼と一緒でした。そして、彼もまた、私との同伴を楽しんでいる様子でした。

最初の夜、私は彼の特等室をたずねました。それはすばらしく豪華な部屋でした。彼はどこへ行っても一番上等なものを手に入れるのです。彼は私に、

「人は誰《だれ》でもすばらしい力をもっている」

と言いました。私たちは自分の中にあるその力を十分知らないために、

眠ったままにしていると言うのです。彼は、彼が開発した力のいくつかを実際に使って見せてくれました。彼が見せてくれたものは実に驚くべきことでした。

「私にできることが、どうしてあなたにできないのかな？」

と彼は聞きました。

「私にできることを、どうして他の人はできないのだろう？　私は特別に、あなた方が持っている以上の力を持っているわけではない。私の言いたいことは次のことだ。すなわち、もし、宇宙の法則を知れば、私ができることは誰《だれ》にでもできる。私は自分の内にある力を開発した。ところが、あなた方は、単にそのことを理解していないがために、自分の持つ力を無駄にし、散逸させてしまっている。すべての人は同じ一つから成る力を使っている。この宇宙にはたった一つの力しかないからだ。この法則は単純明快であり、きっとあなたにもわかる時が来るだろう」

彼は話し続けました。

「ほとんどの人は、その『法則』を破壊的に使っている。全てがすべてそうだというわけではないが、少くとも部分的にはそうしている。そして、その割合は、破壊的な方がまさっているのだ。そこかしこに、成功したり、偉大なことを成しとげた傑出した人物がいる。そして、彼らのある者は、幸運の持主であるとか、天才だとか言われている。しかし、幸運や天才という言葉は間違っている。運とか天分は、実際には成功にはほとんど関係がない。実は、彼らは『宇宙の法則』を使っているのだ。本人がそれを承知しているかどうかはわからない。運とか天分よりも、自分のために宇宙の法則を十分に役に立つように使っているかどうかが大切なのだ。知る者にとっては、これは明白なことなのだよ！」

彼は私に面白い例を話してくれました。

「電気の性質に関する法則が発見される前、この偉大な力は人類との関係においては宇宙の中で眠っていた。私たちは、それを役立たせるためには、まず法則を発見しなければならなかった。宇宙の法則の場合も同じことなのだよ。

幸福を追求することは、人間の正しい本性である。それは人間の希望の一番大切なものなのだ。私たちの魂は幸せを切望している。しかし、非常に多くの人々は、誤解をしていて、十分にお金さえもうければ、究極の満足が得られると思っている。本当にそうなのだろうか？　お金は目的のための手段にすぎない。お金を得ることは、私たちの最終的な目標、すなわち幸福へと私たちを駆りたてる動機にすぎない。この世においては、ある程度のお金がなくては満足感も幸福も達成できないということは事実である。だから、お金を得るための仕事をすることは十分に価値があり、必要なことでもある。

多くの人々はどうして、いろいろな欠乏や苦痛や不幸に苦しむのだろうか？　人生のどんな場面にいるにせよ、多くの人々が自分の幸福や家族の幸福にとって、何かが欠けていると信じていることは、まったく馬鹿げている。

ある人が電気の法則を発見したことによって、私たちは今、ラジオを使っている。そして、何百万人という人々がラジオを楽しんでいる。彼らは自分の好みのラジオ局に周波数を合わせて放送を聞く。この事実の中に偉大なレッスンがあるのだ。というのは、あなたの中に存在する力に同調することを学べば、あなたが得たいと思うものは、何であっても、潤沢に得られるからだ。あなたの中の力は最初からあなたの中にあり、電気よりもずっと大きな無限の力なのだ。

この船の船長は船を運行するのと同じように楽々と、この船の船主になることもできる。ある地位が他の地位よりも手に入れるのが難しいということはない。彼は船長という地位にうまく同調している。船主になることはとうてい無理のように見えるかもしれない。しかし、それは同じことなのだ。二つの地位の違いは単に呼び名の違いにすぎない。それ以上のものではない。あなたが少し成長すれば、そのことははっきりとわかってくるだろう」

毎夜、私は自分の部屋にもどると、朝方まですわってメモを読み、次の日の質問の用意をしました。彼は私がとても理解力にすぐれており、しかも真面目で、熱心で、自分を信頼してくれているので、私を教えることが楽しい、と言ってくれました。私は嬉《うれ》しくて、感謝の気持でいっぱいでした。私が受け取っている知恵は金銭にはかえがたく、どんな犠牲をはらったとしても得がたいものでした。

私は彼に、そのような秘密をいつ、どのようにして発見したのかとたずねました。すると彼は、

「私は何も発見してはいない。私にとって、これは秘密でも何でもない。私の家が始まって以来、代々伝わっている知恵なのだ。目的を達成するために、これはやさしくて確実な方法だと知っているので、それを使っているだけだ。あなたは他の多くの人と同じように、むつかしくて、不確実な方法だけしか知らないのだよ」

と答えました。

彼は何ごとも、決して自分の手柄にしようとはしませんでした。自分が偉いからだというようなそぶりは、少しも見せませんでした。

第四章

あなたの可能性には限界がない

私は急速に健康を回復し、強健になっていきました。そして、国に帰って、もう一度、人生を最初からやりなおしたくなりました。私は古いやり方で、無駄な努力に何年も貴重な歳月をついやしてしまったことを後悔しました。今度は新しい方法で人生を再出発してみたいと思ったのです。

船旅はあっという間に終りました。私はとてもお世話になった友人、深く心を魅《ひ》かれた人と、間もなくさよならをしなければなりませんでした。私は彼に自分の名刺を渡し、私もあなたの名刺をもらいたいと言いました。するとは、自分は名刺を持たない、名前もなければ住所もないのだと答えました。

「自分は風のようなもの、どこからともなく現れ、どこかへ消えてゆくものなのだ。私の名前だったら、ただ単に、『友だち』と呼んでください」

と言いました。私がむしろ、

「先生と呼ばせてください」

と言ったところ、

「いやいや、先生ではなく、友だちと呼んでください。それでいいのだよ」

と彼は答えました。彼は私の名刺を手にとってながめてから、

「私は予想外の場所に現れる。またすぐに会えるだろう。あなたに手紙を書きましょう」

と言いました。

彼と別れてからも、彼が私に教えてくれたことは絶対に忘れないだろう

と、私は両親のもとを離れる子供のように感じました。彼は次のように言いました。

「あなたは本当に幸運な人だ。何百万人もの非常に才能に恵まれた人たちのことを思ってみなさい。彼らは、成功し、指導力を発揮して多くの人々に影響を与えるだけの潜在能力を持ってはいても、あなたが学んだことは知らない。彼らはこれからも相変わらず一生懸命に努力と緊張を重ねて、彼らの貴重な生命力を使いはたし、結局はかつてあなたがそうであったように、満足感もなく、やがて気力もなえ、失望し、うちひしがれてしまうだろう。彼らは聖なるひらめきと、どこかに必ず道があると知っている抑えがたい本能的な衝動につき動かされてかりたてられてはいるのだ。しかし、その道を見つけることができず、何十年もがんばったあげく、失敗してしまう。

あなたは、もう、そうした失敗をせずにすむのだ。国へ帰りなさい。あなたは必要なことをすべて学び終った。私の教えに従いさえすれば、あなたはどこまでも成功することができるだろう。あなたはどんな目標を持っても、やすやすと達成できるのだ。あなたの可能性には限界がありません。あなたが宇宙の法則をマスターするに従って、あなたの成功は何倍にも、大きくなってゆくだろう。また成功すれば、法則に対する信頼がどんどん強まり、やがて確信という域に達するであろう。そうなると、あなたはもう無敵と言ってもよいのだ。

これから私の言う注意を、きちんと心にとめておきなさい。このことを、あなたの最も親しい友だちにさえ、話してはならない。あなたが、この『法則』をマスターして十分に強力になる前にこのことを人に話すことは、あなたの計画の邪魔になるだけだ。あなたの力が散逸し、あなたの成功への力を弱めてしまうからだ。だから、この秘密はあなたの心の中にしっかりとしまっておきなさい。あなたは、他人の問題を解決することはできないし、また他人があなたの問題を解決することもできない。すべては厳密に個人個人の問題なのだ。何かを達成するということは、いかなる職種においても、この自分の内なる力の働きを発見して、それを働かせることに他ならない。これは一人ひとりが自分でしなければならないことであり、他に方法はない。

あなたは、あなたの思いどおりに成功するであろう。私はそう確信している。いつか、あなたが物質的なものを追求することから卒業する時が必ず来る。そしてあなたは人生を、人類を欲望と悲惨さと不幸から解き放つことに、ささげ始めることになるだろう」

私はなごりを惜しみながら、私の恩人に別れを告げました。彼は従者とともにタクシーに乗ると、行先のホテルへの道順を運転手に教えました。私は町の通りを歩いて帰りましたが、通りの人混みにも気がつかないほど気持が高揚して、歩いているというよりは、まるで宙を浮いているような気持でした。

ここに帰ってくる汽車の旅の間中、私は意識して、他の乗客との不必要な接触は避けるようにしました。私はなるべく一人きりでいました。一人になって考えたかったからです。無駄な会話に、自分の大切な時間をとられたくありませんでした。今や達成しなければならないことが沢山あり、そんなことに時間を無駄にできないような気がしました。

私はどうしても達成しなくてはならない目標で、気持がいっぱいでした。それは、私が彼から学んだことを試してみる、ということです。私は一日も無駄にすることができませんでした。その他のことはすべて、まったく興味がなくなり、私にとって、もはや重要ではなくなってしまったのです。

今の段階で私があなたに打ち明けられるのはここまでです。あなたを元気づけることができたらと思います。あなたはゆくゆく、もっといろいろなことを発見することになるでしょう。

＊

私は、彼がこれ以上私に話せないというので大いにがっかりした。マスターが現れたら、私も彼に会えるように取り計らってみると、彼は確約した。しかし、私はますますいらいらして言った。

「彼が現れるのを待つことなんかできませんよ。彼は現れないかもしれないし！　彼のいるホテルの名前を教えてください。今すぐたずねて行って、彼を見つけ出しますから」

以前の彼にはなかった冷静で落ち着いた態度で、

「何というホテルなのかは、私には聞こえませんでした」

とだけ彼は静かに答えたのだった。

第五章

始める前から結果を知ることができる

私にできることは、できるだけ身を入れて仕事をしながら、期待して待つことだけだった。一方、私の友人は、彼のもとの仕事だった株式の売買の商売にもどっていた。彼はいっさいを秘密にして何も話そうとしなかった。私たちは時々クラブで彼に会ってはいたものの、彼に何が起ったのか、ほとんどわからなかった。それに、誰《だれ》も、彼の人生の変化について彼に質問するだけの勇気は持ちあわせていなかった。彼はと言えば、それ以外のことは何でも話してくれた。しかし、間もなく、彼の事業が非常に大きく拡《ひろ》がり、私をも含めて、彼の身近な二、三の友人を巻き込まざるを得なくなった。その時になってやっと、私は彼の試みがいかに壮大なものか、わかったのだった。

私は彼の成功が長続きしないのではないかと心配だった。そして、いつか彼のバブルがはじけるかもしれないから、十分に注意するようにと助言してみた。その時、彼はまったくの自信を持って、次のように答えたのだった。

「君は僕のことを心配しなくてもいいのだよ。僕は確固とした間違いのない法則に従ってやっているのだから。もしこの部屋の広さをはかりたいと思ったら、たての長さと横の長さをはかり、数学の法則に従って計算すれば、正確な答を得られるよね。君は最初からそのプロセスをよく知っているわけだ。仕事に関してもまったく同じことなのさ。僕は始める前から結果を知っているのだから」

その後、私は彼の問題に口をはさむようなことはしなかった。彼も二度と再び、そのことについては、ふれなかった。

彼の成功をひきとめるものは何もなかった。彼は次から次へと成功していった。彼のエネルギーと活力は決しておとろえを見せなかった。彼はどんな状況下においても、ダイナミックな力を発揮し、あらゆる障害を乗り越えてしまうのだった。彼の力はほとんど超人的とも言えた。たまにパーティーに彼が出席すると、彼の人柄は人々を魅了し、彼にまつわる謎《なぞ》は彼を人々の注目の的とした。

しかし、彼はこうした注目を欲してはいないようだった。そして、しばらくの間、彼はあまり人前に姿を見せなくなった。私は彼から、その後、マスターに関するニュースを一度として聞かせてもらったことはなかった。そして、私はそれも自分の運命なのかとあきらめかけていた。そんなある日のこと、彼の秘書から私に電話が入り、オフィスに一通の手紙が来ているが、もしかして、あなたは興味があるのではないか、と言った。それは、その友人あての簡単なメモで、遠く離れた町の最高級のホテルの便せんに書きしるされたものであった。

「とても重要な用件のため、今回はあなたのところへうかがうことができないのがまことに残念です。あなたの友より」

とうとう私にもチャンスが訪れたのだ。ホテルの名が唯一の手がかりだったが、それだけで十分だった。私の他、興味を持つ三人の友人と一緒に、私はすぐに町を出発して、マスターと彼の秘密を探しに東の方角へと車を走らせた。

長いドライブだった。しかし私たちはかわりばんこに車を運転して、休まずに走り続けた。ホテルに着くと、私はすぐにマネージャーに会い、私たちが訪ねて来た目的を告げた。すると彼は、マスターのところに大勢の人々がつめかけたので、マスターは行先も告げず、どこかへ立ち去ったのだと私たちに告げた。彼はそれ以上のことは何も知らなかった。

私は再び、大いに失望感を味わった。私はいつマスターの秘密を学ぶことができるのだろうか？　それはとうてい不可能なことのように思えた。しかし、私たちはあきらめないことにした。私たちは一人ひとり別々になって、より効率的に、その後、五日五晩にわたって探し続けた。

五日目の夜、友人たちは一時間にわたって、もう家に帰ろうと私を説得した。しかし、私はあきらめきれなかった。もし、必要とあらば、いつまででも探し続けるつもりだった。私の友人たちはそれぞれの部屋にもどった。私はロビーの片すみに一人とり残され、明け方近くまでロビーの椅子《いす》にすわっていた。

意気消沈していた私の気持は、突然、完全な喜びに変わった。なぜか、私は自分の探索が終ったのだとわかった。誰《だれ》かが私のうしろに立っているのを感じた。そして誰かの手が私の肩にふれた。私がふりむくと、そこには威厳に満ちた顔があった。今までそれほどの人物に出会ったことがないと感じるほどだった。その男の目は宝石のようにキラキラと輝いていた。

「私を探しているのかね?」

と彼は聞いた。

「そうです」

と答えながら、私は自分が探していた人物をやっと見つけたのだと、自分でわかっていた。

私たちはしばらくの間、立ち話をした。彼は、

「私はとても忙しくて今は教えることができない。ほんの少しの間しかここに滞在しないので、誰にも会わないことにしている。しかし、暇に

なったらすぐに連絡する」

と約束してくれたのだった。

私は彼に、

「どうしても話を聞かせていただきたい。あなたの知恵を学ぼうと、何千マイルも車をとばして来たのです。あなたの知恵のほんの少しでも教えていただくために、何でもします」

と懇願した。私の言葉の強さが彼の同情をかきたてたに違いない。自分の家に明日の朝来てくれれば教えてあげようと、彼は同意したのだった。

第六章

学ぶ価値のある最も効果的な法則

彼の家を最初にたずねた時のことは、今でも私の記憶にありありと残り、消えることはない。彼の部屋の調度ほどみごとなものはあとにも先にも見たことがなかった。執事に導かれて、私たちは美しく飾られた花が香る部屋を通りぬけ、上等な絹のじゅうたんを踏んで彼の書斎と思われる部屋に通された。そこにはすでに、私たちのために椅子《いす》が並べられていた。

ほどなく、彼が部屋に入って来た。私たちは順番に名前や職業などを述べて、自己紹介をした。部屋がとても豪華絢爛《けんらん》だったために、彼も立派な服装をして現れるのかと思ったが、彼の身につけていたものはきわめて簡素だった。私はむしろ驚いたほどだった。彼は自分の実力を知っているので見栄をはる必要がないどころか、人々の注目の的にはなりたくないという感じだった。彼は部屋の美しさについて、自分はただ美しいものが好きなので、こうしたものに囲まれているのだ、と説明した。

彼は次のように教えを話し始めた。

＊

あなた方は不思議な力を持った不思議な人物に会いたい、空中から幸運をひっぱり出して与えてくれる一種の魔法使いのような人物に会いたいと思って、ここに来られたのかもしれません。しかし、もしそうであれば、大変な思い違いです。私はあなた方と少しも変わらないただの普通の人間です。世間では私のことをマスターと呼んでいます。そして、それは実際にそのとおりなのですが、私は人生の環境と状況をどのように支配するかを学んで知っているだけです。私は誰《だれ》もが自分の中に持っている力を開発しただけなのです。

　あなた方は、私を信頼してここまでやって来たのだと思います。そしてあなた方は私を成功者として高く評価してくれています。しかし、私の教えから最大の効果をひき出そうとするなら、私の個人としての印象をできるかぎり払拭《ふっしょく》してほしいと思います。私を特別あつかいしたり、特別に尊敬したりしないでください。私はあなた方と同じ人間です。私にあなた方より特にすぐれている点があるというわけではありません。新しい発見をしたわけでもありません。私が今からあなた方に教えようとしていることを、同じように人から教えてもらっただけなのです。そして私は自分の得た知識に、いつも感謝しているのです。

　あなたは毎日の生活の中で、これから教える法則を何の困難もなく実行できるでしょう。この偉大な法則は誰にも適用できるため、あなたも私と同様、手に入れられるものなのです。これは現世的な事柄に関して、最も高尚かつ最も効果的な法則です。そして、これは学ぶ価値のあるものです。なぜなら、この法則を実行すれば、人生は生きる価値のあるものになるからです。

もし、あなたが、これらの法則を自分の心に従って、賢く理性的に用いるなら、努力の成果は確実で、あなたの可能性には限界がありません。実行し続けてゆくうちに、あなたの自信が増し、あなたの実力が増加してゆくことに気づくでしょう。あなたはもっと容易に、もっと迅速に、もっと大きなことを達成できるようになります。あなたの中でいったん成長が始まると、あなたの業績も増大してゆきます。

ある人にとっては、——あなた方を今日ここに来させた人物のように——驚くべき成果がすぐに起ります。それ以外の人にとって、成長はもっとゆっくりとやって来ます。それは個人が一人ひとり違うからという理由ではありません。私たちはみんな同じ能力を与えられています。どれだけ熱心にやるかが違いを生むのです。この教えを受けた人で、よくならない人は誰もいません。

人格にすばらしい変化が起るということはありません。そんなことは不可能です。というのは、人格というものには限界があるからです。今はまだ私がどういうことを言っているのか理解できないかもしれませんが、すぐにわかるようになるでしょう。今のところは、この教えをそれぞれ自分なりに受け取って理解することが大切だということを憶《おぼ》えておいてください。私の存在、あるいは私の印象がいかなる形においても、あなたの学びに影響を与えないようにしてください。私の言葉からだけ学んでください。私から学ぶのではありません。

では先に進みましょう。

後篇◎メッセージ

あーなんだ　人生のマスター

あるグルの教え

あーなんだは　あなたに喜びと宇宙の法則を
しらせる魔法のことば

第七章

何ごとにも心を開いて取り組みなさい

私がこの法則の原則をお教えする際、あきらかに矛盾することを言いますが、それをあまり気にしないようにしてください。この種の事柄について論ずる時、それはよく起ることで、むしろ必要とも言うべきものだからです。

さて、次のアドバイスを心にとめておいてください。これから述べる私の教えを、あなた方はそれぞれ、自分なりに受け取ればいいのです。もし、私の言うことの中に、今はまだあなたにとって意味がなく、心にひびかないものがある時は、無理に理解しようとしたり、受け入れようとしてはなりません。今はまだ理解できず、時には反発を感じることであっても、あなたの受け入れ能力が増すと、あとになって、必ず、それがとても簡単なことで、しかも、とても価値のあることであるとわかる時が来ます。

人によっては、言葉を少し変えることによって、もっとわかりやすくなったり、より一層、心にひびくこともあります。もし、言葉を変えることによって、ある文章がより明確になり、自分の考え方や気持にぴったりくると思う場合には、自由に言葉を変えてください。

自分はすべてを知っていると思っている人は何も学びません。問題に疑いと抵抗を持ってのぞむ者も、ほとんど何も学びません。そういう人にあまり希望はありません。しかし、何ごとにも心を開いて取り組み、自分の成長と安らぎと幸せになることを喜んで学ぼうとする人は、賢い人です。

私の言うことを全面的に信じなさい、とは言いません。それではあなたの思想の自由を侵害することになるからです。しかし、私の言うことを疑ったり、抵抗したりしないようにしてほしいと思います。と言いますのは、そうすることによって、あなたが求めている助けが得られなくなるからです。あなたにとって、最高にためになる態度は次のようなものです。

「私はこれらの教えに対し、心を開き、中立的な姿勢で、自分が得られるものは全部吸収しよう。そして、今現在、私に理解できない事実や、信じられない考え方や、主張があっても、そうだからといって、それが正しくないとは言えない」

この法則を利用するためには、この法則の働きを明確にする必要があります。あなたの理解を助けるために、できるかぎり身近な例をとりあげて説明しようと思います。

あなたの心は、何年にもわたって、何千という不必要な家具や絵画や装飾品、その他のがらくたが積り積って、そこらじゅうにちらばり、あらゆる場所に山積している家にたとえることができます。その結果、家の外側はきれいに見えるのに、家の中は混乱と無秩序でめちゃめちゃになっています。そのような状態では、何ごとをなそうとも不可能です。ある一つの目標に向って進もうとすれば、別のものにつまずいてしまい、目的に到達することができません。ですから、まず第一にしなければならないことは、あなたが成功するためにどうしても必要な家具の他は、一切、処分してしまうことです。

第八章

意識に保たれた心象は、必ず実現します

さて、次のことを考えてみてください。あなたはどのようにして、ここに存在しているのですか？　あなたは針の先よりも、もっと小さな細胞から成長しました。針の先ほどの大きさの細胞、あるいは種子の中に、今あるような複雑ですばらしいあなたの存在の本質すべてが含まれていたのです。

あなたの体、頭、髪、腕、手、足、あなたのみごとな内臓各器官が、その最初の細胞の中にそのものずばりの形で含まれていたわけではありません。ではどうやって、今のあなたのような立派な体格に成長したのでしょうか？　それは、その細胞が、「意識のひらめき」ともいうべきものを内

蔵していたからです。その細胞は、自分の存在の法則に忠実なあるパワーを持っていました。つまり、あなたという一つの固定したイメージを持っていて、それが芽を出し、成長し、やがて実現化し、法則に従って客観化されたわけです。

もしこうした表現の仕方がわかりづらくても、細胞の中にはある種の力があって、それが明確な計画に従って仕事をしているということは、あなたも認めざるを得ないでしょう。だから、なんらかの形の知性が存在していなければなりません。この知性の存在のことを、細胞は「意識のひらめき」を内蔵していると表現したのです。

この時点である事実を明確にする必要があります。それは私たちがこれから先、前に進む上で重要な基礎的事実となることだからです。そして、このある事実とは次のことです。

意識はどんな形のものであれ、あるイメージと心象とも言うべきものを持っています。意識の中にどんな形であろうと、しっかりと保たれた心象は、必ず実現します。これこそ、偉大でかつ不変な宇宙の法則なのです。

この法則と賢く協力しあうことによって、私たちは人生のいかなる状況、いかなる局面においても、人生を完全にマスターすることができます。あなたは自分の心の中で、秘《ひそ》かにほしいと望んでいたものが、いくらもたたないうちに手に入ったという例を思い出すことができますか？　あるいは特定の人に会うかもしれないという気がして、ほんのしばらくたつと、その人が本当に現れたということはありませんか？　あなたは「おやおや、これは偶然ですね！　今朝、あなたのことを考えていたのですよ」と言うかもしれませんね。しかし、これは単なる偶然の一致ではありません。少しも不思議なことではありません。これは明確な「法則」が働いた自然の結果なのです。

しかし、もしこれが本当なら、どうして私たちの望みのすべてが実現しないのでしょうか？　多くの願いは実現しているのですが、私たちが気がつかなかったり、「宇宙の法則」を知らないために、気づかずに過してしまうのです。そしてまた、まったく実現しないものも沢山あります。なぜ実現しないのか説明するために、ラジオの例を使ってみましょう。ある放送局を聞きたいのに、その放送局と同じ周波数の電波を他の局が出していることがあります。そのために混信が起ります。しかし、他の放送局が一時的に電波を流していなければ、あなたは目的の放送局をはっきりととらえることができ、あなたの希望はかなえられます。

これとまったく同じように、もし私たちにひとつの願望が生まれた時、その願望に相対立し、その力と意識を無効にしてしまうような他の思いがなければ、それは偉大な力を発揮します。そして、あなたの願望は実現します。すなわち形となって現れてくるのです。

誰《だれ》でも、一時的に心がまったく空白になり、宙をぽかんと見つめている瞬間を体験したことがあると思います。もし、そのような時に、何か願望や希望を十分な力をこめて心の中に注入することができれば、それが速やかに実現されることをさまたげるものは、何ひとつありません。

では、あなたの思いを弱めてしまう心の混乱を作っている原因は、何なのでしょうか？　それは、自分の外側には、自分の中にある力よりも大きな力が存在しているという、誤った思い込みなのです。

しかしもし、願望実現化のシステムを学んで、あなたの建設的な思いが全部、自動的に外に形となって現れる状態になれば、あなたは人生のすべての条件や環境を支配することができるようになります。

このことが正しいかどうか証明する方法はひとつしかありません。それは実際にやってためしてみることです。

第九章

あなたという存在は、実は「意識」です

教えの次のステップはこうです。

「心の中に、あるものごとや、状態、状況などをはっきりとした形でイメージし、意識することは、それ自体がすでに現実なのです」

五感を通してあなたが経験するものは、現実化し、目に見える形になった心の中のイメージです。これは芸術家が、心の中のイメージをカンバスに表現するのと同じです。芸術家の指先は、心が表現しようと思っていることを表現するための道具にすぎません。芸術家の指先は、心の導きと指令のもとにあるのです。

あなたの体のすべての細胞はどんどん入れ替っています。科学者によれ

ば、一年たてば細胞はすべて入れ替ってしまうということです。しかし、あなたは何年も前のことを憶《おぼ》えていますね？　あなたは子供時代のことを思い出すこともできます。脳の細胞が入れ替ってしまっているというのに、何年もたった昔のことをなぜ思い出すことができるのでしょうか？　それはあなたという存在は実は「意識」だからです。あなたは「体」ではありません。

独自の場で機能している一つの存在として、あなたは全能である意識なのです。あなたの体はあなたが人間として機能することを可能にする車のようなものです。あなたが主人で、あなたの体は従者なのです。体は表現するための道具なのです。それだけです。

では、あなたが存在しているかぎり、ずっと心の中に描かれ、イメージされて残っている体と、毎年、完全に朽ち果て、土に帰ってゆく体と、どちらが本当の体なのでしょうか？　また、心の中に描かれ、イメージされたものと、わずかの間存在し、のちに分解してしまう目に見える物体と、どちらが本物なのでしょうか？

人類が達成したものの中で、物質的な世界はつまらないもので重要ではないと言っているわけではありません。ただ、二次的なものにすぎないと言いたいのです。まずはじめに、意識の働きに関する基本的な知識を得ることは、あなた方にとって最も重要なことなのです。

心の中の思いが実現化する過程を、もっと明確にわかりやすく説明できればいいのにと思います。しかし、それには何時間も必要ですし、結局はあなたをもっと混乱させてしまうだけでしょう。

「宇宙の法則」のように深遠な事柄を説明しようとする時、言葉はいかにも非力です。本当に理解するためには、あなたは一歩一歩、しんぼう強く、それに近づき、そしてその中に入りこまなければなりません。幸いなことに、法則を用いるために、そのようなことを知る必要はありません。太陽の光を楽しむのに、その光が地上に送られてくるメカニズムを知らなくてもいいのと同じです。あなたは私が誠実であることを、信じています。大変良いことです。それと同じだけの信頼を、「法則」の持つ力に与えてください。そうすればあなたが行うことは、すべて達成することができるでしょう。

では次のステップに進みましょう。

第十章

「内なる心」は、あなたを動かす最大の力です

人はいくつもの心を持っている、ということを聞いたことがあるかもしれません。しかしそのような説は単なる言葉の遊びか、通俗的な表現にすぎません。科学的見地からも現実からも、そのような説を支持することはできません。心はたった一つしかありません。電気も大気もそれぞれ一つしかないということと同じです。いくつもの心といっても、一つの心をいろいろに表現しているだけなのです。私たちは心を、空気や電気と同じように、個人の必要に応じて使っています。

さて、私は次の主題を説明するに当って、これとまったく矛盾することを言うので、そのことにはがまんしていただきたいと思います。ここで私

は三つの心について話さなければなりません。もっと正確に言えば、心の三つの形態ということです。

あなたは三つの心（マインド）から成りたっています。第一は、あなたの体を機能させている心で、もっと良い言葉がないので、私はそれを「より深い心」（ディーパー・マインド）と呼びます。この心に関しては特に心配する必要はなく、むしろ、気にしなくてよいと言った方がいいかもしれません。それは私たちよりもずっと良く、自己の働きを知っているからです。私たちは体から意識をそらすことによって、この心と協力して、健康や体力増進をはかることができます。この「より深い心」が正しく機能するのを邪魔さえしなければ、それはとてもうまく作用するのです。

私たちにとって、とても興味深いのは、他の二つの心です。私が「内なる心」（インナー・マインド）、「外なる心」（アウター・マインド）と呼んでいるものです。

五官という媒体を通じて外部とつながっている「外なる心」の役割は、その希望を「内なる心」に伝えることです。「内なる心」こそ、あなたの中にあるパワーの源なのですが、その本質として、「内なる心」には自ら判断して良し悪しを決める機能はありません。その結果、意識の迷いもありません。「内なる心」は不可能、失敗、障害、限界、不足というものを知りません。それは「外なる心」の指示により、「外なる心」が行けという方向に向けて、制限のないすごい力を発揮することができます。

「内なる心」の性質を説明するために、もう一度、電気と比較してみましょう。世の中で、電気が大きな動力源であるように、「内なる心」は、あなたが手に入れることのできる最大の力です。電気も「内なる心」も、それ自体が独立して働くことはありません。両方とも、別の機関によって始動してもらう必要があります。両者とも良い結果をもたらすことも、悪い結果をもたらすこともあります。その違いは、それを動かす者に知恵があるかないかにかかっています。

したがって、「外なる心」が「内なる心」と連携し、両者が協力するということが、どんなに大切かわかるでしょう。もし、人間がそのようにして活動しているならば、人間は状況の奴隷ではなく、状況を司《つかさど》る者となっていたはずです。

では、人はなぜ人生において、状況を司る者になれないのでしょうか？それは次の理由によります。「外なる心」は欲望を作りあげます。この欲望が「内なる心」に自動的に取りあげられます。そして「内なる心」は即座にその実現に向けて働き始めます。しかし、「内なる心」はその偉大な力をその方向に十分に発揮する暇がありません。次々と「外なる心」が新しい欲望を見つけたり、ありもしない障害を作り出したりするからです。「内なる心」は表面に現れておらず、外部のものごととの接点もないので、「外なる心」の意のままになるしかなく、その本来の力を散逸させられてしまうのです。そして、そういったことがくる日もくる日も続くと、穴のあいたパイプから蒸気がもれるように、そのすばらしい力をあらゆる所に撒《ま》き散らしてしまい、何も達成できなくなるのです。「内なる心」が何かを達成しようとすると、なぜいつもこのように邪魔されてしまうのでしょうか?

それは、「外なる心」が、目や耳から入ってくるすべての情報を判断し、これらのメッセージを「内なる心」に伝達しているからです。

人はどのように行動していると思いますか? 人々は毎日、外の世界で体験することを写真に撮ってから、この写真を自分の中に焼きつけています。しかし、本当はこの過程はまったく逆であるべきです。

私たちは望ましい絵をまず心の中に画《えが》き、それを自動的にまわりの外の世界に焼きつける力と能力を持っています。あとでわかると思いますが、これは実に簡単なことなのです。これができるようになればあなたはマスターです。これができない間は、まだマスターとは言えません。

ここまでくれば、邪魔しているのは「外なる心」だから、私たちに必要なことは「外なる心」を訓練することだと、思いあたることでしょう。まさにそのとおりなのです。しかし、「外なる心」は毎日、何千ものことを体験しているのですから、普通の訓練をしていたら、何年もかかってしまいます。万が一、最高にうまくいったとしても、そのような訓練はうんざりするほど長い過程を必要とすることでしょう。「外なる心」を上手に使いこなすためのより早い、より良い方法があります。そして、この方法の第一歩は次のとおりです。

第十一章

確固とした目標を打ちたてればよい

あなたがある町へできるかぎり早く着かなくてはならなくなったとします。車に乗りこむ時、あなたは自然と目的地を心に描き、その方向に車を向けます。道順がよくわからないと、道を間違えて違う方に行ってしまうこともあるでしょう。しかし、最終的には、目的地に通ずる道を見つけだします。あなたは、心の中に描いた目的地の絵によって導かれて、そこにたどり着くのです。

あなたはそこに到着するまで、確固とした目標を持ち続けます。あなたは目的や行先を特に何の努力や緊張もなしに、心に保持し、自分が迷ったとわかった時には、また正しい道にもどります。私たちが今学ぼうとしていることも同じことなのです。もし、何かを立派にやりとげたいと思ったら、あなたは確固とした目標を打ちたてればよいだけです。確固とした目標を打ちたてるとはどういうことでしょうか？　それは口で言うほど簡単なことなのでしょうか？　いや、少くとも、最初のうちは簡単ではありません。あなたは、一夜のうちに百万ドルを作るという目標を立てる気はありますか？　もしあなたが、百万ドルを即座に作れるだけの能力があれば、あなたはそうするかもしれません。しかし、それはきわめて例外的な場合です。賢いやり方は、マラソン走者が、最初は一マイルから始め、二マイル、三マイルと順次増やしていって、最後に全行程を走破できるようになるのと同じように、徐々に目標を大きくしてゆくことです。

では、確固とした目標はなぜ必要なのでしょうか？　それには三つの理由があります。第一に、「内なる心」はあなたの存在におけるプラスの極で、「外なる心」はマイナスの極なのです。この宇宙に存在するものすべてには陽（プラス）と陰（マイナス）があって、循環や円を完成させています。さもなければ、いかなる行動も動きもありません。後退がなければ、前進はありません。下降がなければ、上昇はあり得ません。いわゆる悪がなければ、善もありません。もし暗闇《くらやみ》がなかったら、光が存在するでしょうか？　私たちにとって、何か一つのものを認識するということは、それと比較するある対立するものがあるということです。さもなければ、それは存在しないと同じことなのです。

さて、法則に従っているもののすべてにおいては、通常、プラスの力が支配し、マイナスの力が仕える役をしています。しかし、人間においては、これが逆になっています。すなわち、「外なる心」が世界を見ており、争い、競争、障害、不可能というような状況を報告します。それはなぜでしょうか？「外なる心」に対して、確固たる指示がないために、目標もなくさまよっているからです。無目的にさまよい、何から何まで受け取ってしまうのです。

もし、確固たる目標が心の中でしっかりとイメージされ、描かれていれば、「外なる心」に確固たる行動規範を与えることによって、瞬時に正道へ引きもどします。すなわち、あなたは特別の努力をしなくても、「内なる心」のプラスの力が自動的に発揮されるようになるのです。そして、自動的に、プラスの条件や人々を確実にあなたのもとに引き寄せます。まるで、鉄の小玉が磁石にひきつけられるようなものです。これこそが、なぜ確固たる目標が必要なのか、という第一の理由なのです。

第二に、私たちをとりまく大気の中には、何千万、何億という思想がいつも飛びかっています。同時に放送を送り出しているこの国の何百というラジオ局を考えれば、空中に存在する思考について、少しは理解できるでしょう。人間一人ひとりもまた放送局であり、誰《だれ》もが受信機でもあります。あなたが質問を言葉にして発する前に私が即座にそれに答えることができるのは、このためなのです。実は、あなたが口に出す前に、あなたの考えを私は受け取っているのです。これは何年も訓練して、発達させることができる能力です。この能力は私の中にも、また、あなたの中にもあります。私はその自分の能力を発達させ、利用しています。あなた方の能力はほとんど完全に眠っています。

確固たる目標を持たない人は、あらゆるものにダイアルを合わせて、結局何も得ることができません。彼らは実に不運な人たちです。何百万という相矛盾する考え方になすがままにされて、彼らの人生は混乱と苦しみでいっぱいになっているからです。

一方、確固とした目標を持つ人は、慎重にある一つのことだけにダイアルを合わせます。もし、お金が目標であれば、彼はお金を得ます。地位がほしい人は地位を得ます。こうした人がねらい定めた目標は、達成されずにいることは決してありません。

第三に、何かに意識を向ける時、あなたは自分の生命力の一部をそのものに移転します。対象が、大きいものか、小さなものか、物質か、物質でないか――鉛筆、帽子、自動車、家、富、教育、職業、旅――は関係ありません。生命力の移転がなければ、それをあなたの方に引き寄せることはできません。そして、そのことを心の中で念じ続けている間はずっと、あなたはその目標に栄養を送り続けているのです。あなたの望みがどれほど真剣かによって、その生命力が発せられる強さも違ってきます。

ですから、その力を向ける先がいくつもあると、力は分散されて、それぞれの目標はごく弱い刺激しか受けられず、その結果、反応が遅れ、時にはまったく何も起らないというわけです。あなたは、いくつも小さな目標を達成してやっと到達できるような、大きな究極の目標を持っていますか？　もしそうであれば、大部分の目標はそのまま置いておいて、今は、全力を最も手近な最初の目標に向けなさい。そして、その目標が実現したら、次の目標を取りあげればよいのです。

さて、この法則の全体像を説明したでしょうか？　ある意味ではそのとおりです。しかしまた、そうではないとも言えます。具体的に何をなすべきかを教えるのも良いのですが、どのように行えばいいのかを教える方がもっと良いでしょう。成功をどのようにして手に入れるかを学ぶだけでなく、それをどのように保ち続けるかということも学ばなければなりません。ですから、私はさらに成功のためにどうしても必要なことをお教えします。

それは他人に話さない（秘密にする）、ということです。

第十二章

個人を越えた無限の宇宙の力

他人に話さない（秘密にする）ことの意味を説明する前に、もう一つ別の話をしましょう。

「私は……である」「私は……になる」「私は……をした」と宣言する時、あなたは非常に重要で強力な主張をしています。「私は」と表現する時に放射される力を十分に理解している人は、ほとんどいません。「私は私である」（I am that I am.）という偉大な言葉を思い出してください。この言葉は時代を越えて生き、語られています。この言葉の意味が本当に理解された時、私たちは個人を越えて、宇宙の力に結びつけられるのです。

あなたの体はあなた個人のものですが、あなたが発する「私は」という言葉は宇宙的なものです。宇宙全体には「一」というただ一つの数しかないのと同じように、この宇宙に、ただ一つの「私」しか存在しません。一以外の数は、その一をいくつか合わせたものか、分割したものにすぎません。たとえば、七という数字は一を七つ集めた数なのです。大切なことは、「私」とは、この一という数字が現れてきた源だということを理解することです。

私が今お話したことから、次のことを理解できるはずです。あなたが「外なる心」で仕事をする時、あなたは個人的で限界のあるところから仕事をしています。一方、あなたが、「内なる心」から仕事をする時、あなたは個人を越えた無限の宇宙の力の助けを呼びさまし、受け取っています。では、その状態に達するにはどうすればいいのでしょうか？ それは意外と簡単です。ただ、これから私が説明するやり方に従うだけでよいのです。

するとあなたは知らないうちに、その方へと引きつけられてゆきます。

あなた自身が自分で「私」と言う時、それは実にすばらしい力を持っており、あなたは自分で自由にできる力が何なのかわかってきます。自分がいかにすばらしい人間かもわかってきます。自分が今やマスターであり、まだ開発されてはいないけれど、これから開発され、利用されるのを待っている能力がある、ということもわかってきます。

もし、私が言っていることがよく理解できないとしても、今はわからないままでいいでしょう。まず先に進みましょう。あなたは、あとで、自分でその理由を考え、そこにある真理を発見すればいいからです。

こんなに詳細に説明する意味があるのかどうか、疑問に思うかもしれません。しかし、私には目的があり、その目的とは、あなたにもっと深く、真剣に考えさせる、ということなのです。「真剣に」という言葉と、「一生懸命」という言葉をとり違えないでください。「一生懸命」というのは心理的な緊張を意味していて、不安と恐怖から出てくるもので、心にも体にも決して良い結果を生みません。ここで「真剣に」と言っているのは、精神とエネルギーを目標の方向に向けることで、結果はとても建設的です。

あなたが進歩するか否かは、目標に向って「真剣さ」をどれだけ保つことができるかにかかっています。近年、すべての進歩はとても早くなってきています。世界の進歩とともに歩むか、それともあきらめてしまうかのどちらかですが、あきらめたとたん、私たちは後もどりし始めます。永続的な成功を楽しむためには、世の中の歩みより、常に一歩だけ先を歩いていなければなりません。

人間の心の中には、もっと早く目的地に着きたいという願望が常に存在していました。これが自動車の発明という形に結晶し、実現しました。そして、自動車の出現は高速輸送の一般化の大きな一歩となりました。しかし、人の心の中には、より大きな達成を常に求めるという性質があり、次に飛行機が現れました。このように、人の心は常に前進をめざし、永遠に進歩し続けてゆくのです。

目を開いてまわりを見てください。あなたにはきっとその流れの方向が見えるはずです。人の心は常に進歩をめざしており、旅の手段は、現在の飛行機にとどまることはありません。宇宙の法則を知り、それを用いる者は最高に優秀な人間です。宇宙の法則に目をつぶり、間違った考え方にしがみついている者は無知な人間です。だから、力ずくで無理矢理ものごとをやり抜くという時代遅れの方法を捨てて、思いによってやりとげる方法を学ぶことが、とても大切なのです。一方はマスターであり、もう一方は奴隷です。

秘密にすべき理由は次のとおりです。「私」という言葉は個人を越え、宇宙的であるために、それに続くどんな言葉にも、その力を投入します。そして、あなたの計画を他人にもらしてしまうと、その計画は緊張感を失い、そのパワーが散逸してしまいます。「外なる心」は逃げ道を見つけ出し、あなたの目標はそれが必要とする勢いを失ってしまうのです。

第十三章

貧乏はこの世で最大の罪悪です

次に必要なことは、あなたに「栄養」を与えることです。本当の意味で努力を持続できる人は、ほとんどいません。目覚しい成功がほんの少ししかないのは、そのせいなのです。

あなたの偉大なパワー源は表層にあるのではなく、あなたの存在の奥深く、つまり、「内なる心」にあるということを、あなたはすでに学びました。普通の人は人生を表層的な部分だけで生きており、自分の中に存在する偉大な力に気がついていません。彼らは自分のささやかな信頼を「外なる心」によせてしまい、そこからの誤った情報に支配されています。その結果、彼らは常に混乱し、争い、緊張の嵐《あらし》の中にいます。そして、ついには人生につまずき、自信を失《な》くして、失意のどん底に落ちこみ、さらには、健康と精神的安定を失ってしまうのです。

どうしてなのでしょうか？　財産を築きあげる人は、その代償として、健康を害し、生命力を使いはたさなくてはならない、となぜ一般的に信じられているのでしょうか？　それは、私がすでにお話したように、ある目標に対して、努力を集中すると、自分の生命力の一部を自動的にその目標に移転してしまうからです。これは決していけないことではなく、むしろ必要なことです。しかし、自分の生命力を補給せず、自分自身に栄養を与えずにそれを続ければ、エネルギー不足という状態が起り、その結果、必ず何らかの問題を起してしまうのです。

欲するものをすべて、しかも限りなく手に入れることは、あなたが天から受けついだ運命であり、生まれつき持っている権利です。あなたがほしいと思うものは、あなたが用い、あなたが楽しむためにここにあります。それでなかったら、なぜここにあるのでしょうか？　あなたが個人的に欲しているものは、あなただけにしかわかりません。ですから、ここにあるものは、特別にあなたのために存在しているのです。

あなたはお金持になり、地位も得て、しかも健康で、幸せになることができます。それは、あなたが自分の存在の法則を知り、それと協力しさえすればよいのです。貧乏はありがたいものだ、などと言っている人に、私はがまんができません。貧乏はこの世で最大の罪悪です。貧乏こそ神の恵みだとお説教している人は自分に対して正直ではありません。貧乏を祝福だとお説教をしている間も、心の中には豊かであれば楽しむことができる様々な欲望が、ふつふつとわきあがっているものです。

宇宙の法則の基本原理を知った者は、自分の天性に応じて、それぞれのやり方で成功するでしょう。私は私のやり方については話しません。あなた方にはそれぞれ、自分独自の解釈と、自分独自の決定をする自由があるからです。しかし、私のやり方に関するヒントだけはお教えしたいと思います。しかし、それに影響されて、あなた独自のやり方を変えないようにしてください。人まねをしたり、社会の習慣や伝統に従っていては、決してマスターにはなれません。憶病者や覇気のない人はそうするかもしれませんが、マスターやリーダーは決してそうはしません。

画家が大きな樫《かし》の木を画《えが》く時、木のまわりにある草や茂みや花や葉、場合によっては空や雲の様子をも含めて画かなかったら、たいくつで面白くない絵になってしまうでしょう。立派な画家は自然を忠実に画くものです。私の方法もこれとよく似ています。すなわち、画家がカンバスの上に絵を画くように、私も心の中に絵を画きます。画家はカンバスに樫の木を画く時、まわりの自然の背景をも画きます。私も同じようにします。画家は絵を画く時、彼は絵の対象以外、彼の気をそらすようなことはすべて心から排除します。私もそうします。時には、外界の何かが、画家に絵を画かせます。ある時は、インスピレーションが彼に絵を画かせることもあります。私の場合も同じです。一日の間には、無数のことが起って、彼の気をそらし、絵を画かせないようにします。しかし、画家にとっては絵を画くことが最も重要なことです。彼はこうした気を散らすものに抵抗しません。それに必要な注意を向けてから、また絵の方に意識をもどします。私もまったく同じようにします。画家は一つの絵が完成すると、次の絵にとりかかります。私もまた同じようにします。というのは、私の意識も心も、決して怠けることはないからです。怠惰とは、後退することなのです。

一つ具体的な例を示しましょう。もし、今、ここに私の執事にいてもらいたいとします。私は自分の心の絵の中に、この場の情景にかこまれて彼がここにいるビジョンを画きます。すると間もなく、そのイメージが実現します。

もし私がお金持になりたいと望んだとします。私は、富がもたらすと思われるもの、自分がほしいあらゆる状況や物を思い描いて、自分の周りをとり囲みます。必要があれば、成功した人の実例を参考にすることもあります。そして、日々しなければならないことは、通常どおりやり続けます。私がこの世で外見上、何をやっていてもそれはあまり重要ではありません。私が心の中で何をしているかが、大いに重要なことなのです。

もし私が初心者で、たとえば新しい車か家がほしいとしたら、私は雑誌から自分のほしいものに一番似ている写真か絵を選んで、いつもすぐ見える場所にはっておきます。こうすると、「外なる心」の準備が整い、希望の実現化を早めるのです。

第十四章

体に栄養を与える言葉

さあ、これからとても簡単で、しかも非常に効果のある実習をやってみましょう。ここに非常にパワーのある言葉のリストがあります。これらの言葉は、あなたの生命力に栄養を与えるだけでなく、あなたが人生で欲するものを創《つく》り出すための内面的な作業を行う上で必要な力を与えてくれます。次のものが私のリストです。もしあなたがつけ加えたいものがあれば追加してください。

集中力（*Concentration*）　博愛（*Charity*）
平和（*Peace*）　無抵抗（*Nonresistance*）

平静（*Poise*）
一致（*Harmony*）
好意（*Goodwill*）
正直（*Honesty*）
知恵（*Wisdom*）
親切（*Kindness*）
理解（*Understanding*）
直感（*Inspiration*）
謙遜《けんそん》（*Humility*）
聡明（*Intelligence*）
決断力（*Decision*）
記憶力（*Memory*）

公平（*Justice*）
思慮深さ（*Consideration*）
自由（*Freedom*）
指導（*Guidance*）
活動（*Activity*）
寛大（*Generosity*）
生命力（*Vitality*）
思いやり（*Compassion*）
力（*Power*）
落ち着き（*Serenity*）
愛（*Love*）
忍耐（*Tolerance*）

同情（*Sympathy*）
法（*Law*）
優雅（*Grace*）
信仰（*Faith*）
自信（*Confidence*）
豊富（*Abundance*）
価値（*Merit*）
気力（*Spirit*）
健康（*Health*）
調和（*Unity*）
強さ（*Strength*）
誠意（*Sincerity*）

やさしさ（*Gentleness*）
創造力（*Creativity*）
いのち（*Life*）
若さ（*Youth*）
礼儀（*Courtesy*）
成功（*Success*）
幸福（*Happiness*）
鋭敏さ（*Alertness*）
才能（*Resourcefulness*）
持続性（*Persistence*）
目的（*Purpose*）
達成（*Achievement*）

元気（*Energy*）　　　熟練（*Mastery*）
能力（*Capability*）　信頼（*Trust*）

一日の活動が終り、日常的な勤めや仕事であなたの生命力が少し減退した時、三十分か、できれば一時間、毎晩誰《だれ》からも邪魔されない一人きりの時間を作り、自分の存在そのものと静かに対峙《たいじ》します。その時あなたの必要としている言葉をいくつかリストの中から選び出します。あるいはリストの順番に従って、最初の言葉から、自分のペースで、始めていってもよいのです。一つひとつの言葉をあなたの存在そのものに、しっかりときざみつけてゆきます。同時にその言葉の意味をよく考え、それが今の自分にどのような影響を与えるかに気づいてゆきます。それもその言葉の持つ一般的な意味ではなく、その言葉があなたにどのように訴えかけているかに気がつくことが大切です。

もう一度くり返しますが、あなたは「私」であり、あなたの世界のパワーそのものです。そして、あなたは自分の二本足でしっかりと立ち、あなたの世界を生きぬかなくてはなりません。自分を誇示するのではなく、自分自身を生きるということです。「私は……だ」とリストの言葉を使って宣言するのは、あなたの心の状態が前向きになっていて、しかも、自分がくり返し唱えていることに、完全な確信を持っている時だけにかぎってください。

たとえば、もしあなたが「私は力である」と宣言する時、あなたの「内なる心」は、「外なる心」から、否定と疑いの攻撃にさらされます。しかし、ただリストの言葉だけ、たとえば、「力」という言葉を自分にくり返し呼びかけるのであれば、宣言ということになりませんから、「外なる心」

も否定したり、疑ったりはしないでしょう。

この実習を行う時、正しい心の状態を作り出すために、外部の事柄や自分の体からあなたの想念を、瞬間的ではあっても、切りはなしてください。そうすると、自動的に理想的な心理状態になれます。もちろん、「外なる心」が踏みこんできて、何百という雑念を何百回でも、持ちこんできますが、さきほど私がお話した、道に迷った自動車のように、それは迷うたびごとに、正しい軌道にもどるのです。「外なる心」の迷いぐせはそのうちに次第に減少して、あなたはまもなく、集中力のマスターになっている自分を発見することでしょう。

この実習を行う時に、緊張、努力、心配、不安などがあってはなりません。仕事や社交や家族のことで時間がとれない場合があるかもしれませんが、それ以外の日は毎夜、この実習に時間をとってください。これらの言葉が一滴一滴、あなたの存在そのものの中に浸《し》み通って、重要ではないものを心の中から押し出し、最後に、必要なものだけが残ります。

これら、パワーのある言葉は、あなたが必要としているものを発見し、それを満たす手助けをしてくれます。これらの言葉は、食物が体に栄養を与えるように、あなたの「外なる心」と「内なる心」に栄養を与えてくれるのです。あなたは毎日食事をする時に、これが体にとってどのような栄養になるか、考えて食べているわけではありません。それと同じように、この実習からすぐに効果を期待しないようにしてください。毎日この瞑想《めいそう》をできるかぎりきちんと実行してください。そして次の日の夜の実習の時まで、実習のことは忘れてください。言葉はあなたの気がつかない深いところでその仕事をやってくれます。そしてまもなく、あなたとあなたの日常生活に効果が現れてくるでしょう。

第十五章

何かに抵抗すると自分自身が弱くなってしまう

あなたがこの宇宙の法則の助けを引きだせるようになると、あなたが心に思ったことを実現するためのお金や友人や有力者は、もはや必要ではなくなります。

世の中でのあなたの地位は、少しも重要ではありません。あなたの夢が今の仕事と直接結びついているかどうか、または、今やっていることを完全に変える必要があるかどうかも、問題ではありません。ただ前に進みたいと思っているだけで、あなたは人生の確固たる計画を持っていないかもしれません。世俗的な欲望はあなたをどこへも連れてゆくことはできません。まず必要なことは、あなたの中にしっかりとした目標を定める、ということです。

そして、いろいろ考えた末、あなたはある最高のゴールを定めます。それがはるかかなたにあるように見えても、それを手に入れることができると確信してください。

では最初の一歩は何をしたらいいのでしょうか？　もし、あなたが自分の会社を持っていたら、月々の売上げを確実に伸ばすことでしょうか？　もし、あなたがサラリーマンであったら、昇進して昇給することでしょうか？　あなたの最高の目標に向うための最初の最短距離にあるゴールを設定してください。

その最初のゴールが達成されたら、次はどうしますか？　その先にもう一つのゴールを設定してください。すぐにです。どうしてでしょうか？

それは「外なる心」には奇妙な性質があって、一つ目標を達成すると、すぐに怠惰になろうとするからです。「外なる心」がこう言っているのが聞こえてきます。

「あーあ、今までわき目もふらずにがんばってきたんだ。そしてやっとゴールにたどりついたのだ。ゴールについたんだから、さていっぷくするとしようか」

しかし、あなたはこう答えます。

「休む時間はないよ。もうすでに次のゴールを決めてしまったのだから」

一度こうした貴重な勢いをつけてしまったら、その勢いを持続させてくださいい。それに執着するのです。勢いが増してくると、あなたの進歩はますます早くなります。そして結果として、目標は意外とすぐに達成されてしまうのです。

目標を設定して、それに従うという道すじは、種子に起る過程にとてもよく似ています。種子が土の中の暗闇《くらやみ》に埋め込まれると、その種子の生命細胞の中に画《えが》かれている絵とまったく同じように発達しようとする動きが開始されます。

自然の法則に従って、種子は芽を光に向って伸ばし始めます。同時に根を下におろし栄養分を求めます。茎が上に伸びる時、もし何らかの障害物にあたると、茎はその障害をつき破ろうとはしません。茎は障害物を避けて伸びます。もし根が必要な栄養を見つけられない時、その植物は枯れてしまいます。

すべてがうまくいけば、花をつけ、目標が達せられます。再び種子が落ちて、そのプロセスはくり返されます。本当のプロセスは表面下の暗闇で起っているのだということを、心にとめておいてください。私たちにとっても同じことです。偉大で重要なアイディアは見えない場所で育成されてゆきます。

さて、こうした成長の過程を一部始終、あなたは自分の目で確かめる気ですか？　どのようにものごとは実現してゆくのだろう、あるいは、本当に成果があがっているのだろうかと不安になるでしょうか？　心配はいりません。あなたは目標を設定しました。それは種子をまいたことなのです。その種子が芽を出し始めているかどうかを知るために、あなたは庭を掘りかえしてみますか？

あなたは種子をまき、水をやりました。あとは自然の法則に従って、それは芽を出すだろうと安心しておまかせします。それとまったく同様に、あなたの目的が達成されるのをこばむものは何もありません。宇宙の法則を無効にできるものは何もないからです。あなたはアイディアの種子をまきます。そしてそれを心に保ちます。そして栄養を与えます。あなたはすべきことはすべて行いました。次は宇宙の法則がその役割を果すのを、信頼して見守っていればいいのです。

あなたは抵抗に遭遇するでしょうか？　はい、必ず抵抗にあいます。あなたの活動そのものが抵抗を作るのです。なぜでしょうか？　それは行動はそれを支える反作用を必要としているからです。抵抗は陰極で、行動や活動は陽極なのです。そしてあなたにとってその両方が必要です。抵抗がなければ、行動そのものが不可能です。

飛行機が空を飛べるのも、空気に抵抗があるからです。抵抗がなかったら飛ぶことができません。鳥も空を飛べないでしょう。同じく、抵抗がなければ、魚は泳げず、人は歩くことができません。エンジンの回転が早まると、飛行機の勢いが増します。すると飛行機を支える抵抗もより大きくなります。勢いが増せば増すほど、飛行機はより高く飛ぶことができます。

これは私たちにとってとても良い例です。私たちが高い目標を達成するためには、勢いを得て、それを持続しなければなりません。最初の段階は明らかに困難を伴いますが、その時期を過ぎると、仕事が楽しくなります。何か価値あることをやりとげたという満足感ほどの喜びは、他にないからです。

次の真理を忘れないでください。あなたが、誰《だれ》かに、あるいは何かに抵抗すると――それが批判、羨望《せんぼう》、嫉妬《しっと》、にくしみ等、思いであれ、発言や行動であれ――あなたは必ずその相手を助け、しかもそれに比例して、自分自身を弱めてしまいます。なぜでしょうか？　あなたは自分の進歩のためにとても大切なあなたの生命力の一部を、その人や物に、わざわざ移転させてしまうからです。ひどい怒りを爆発させてから、すっかり疲労困憊《こんぱい》してしまった人を、実際に目撃したことはありませんか？　疲労困憊こそ大きな消耗なのです。他人を助けるかもしれませんが、あなたにとっては大きな損失です。これは生命力の移転が激しい形で起った一つの例です。

あなたはこの知恵を学ぶことができて、とても幸運な人です。それはともかく、実行に移ってください。

第十六章

あなたは あなたという存在の主人です

私の教えを実行するに当って、あなたの心構えを教えましょう。風が目的地に向って吹いている時の様子はどんなですか？　人であろうと場所であろうと物であろうと、自分のゆく手をさえぎるものをものともしません。公平そのものです。太陽はすべてのものに輝き、雨はすべてのものに降る。そして風はすべてのものに公平に吹きつけます。太陽も雨も風も、自分にとって助けとなるものも、害になるものも区別しません。

この中にこそ学びがあります。あなたの邪魔をする者はあなたを助けてくれているのです。彼らこそあなたの友だと考えてください。これは最も高度の知恵なのです。

あなたの野心をしっかりとあなたの心の内にしまって、人に話さず、秘密にしておいてください。こうした時、あなたの「外なる心」は敵愾心《てきがいしん》を燃やします。「外なる心」は自制や規律に常に反抗するからです。

自由が阻害されそうになるやいなや、「外なる心」は囲いの中の狂った牡牛のように、何とかしてあなたが与えた方法以外のやり方で、外に逃げ出そうとあばれます。そしてあらゆる論法を持ち出して、あなたの目的がいかにくだらないかとあなたを説きふせようとします。そして、あなたの計画と向上心のことを、他人に話すように誘惑し、もっとゆっくり働くべきだと言い、あなたのために働いている宇宙の力に疑いの念を持たせようとします。考えられるあらゆる手段を使って邪魔しようとするのです。こうした動きに対して、あなたは次のように答えなさい。

「私に服従せよ。私が主人なのだから」

あなたという存在の主人であるという地位を確保しなさい。そして、ゴールに向って、力強く進みなさい。

あなたは思ってもみなかった場所に連れてゆかれたり、時には堂々めぐりをすることもあるでしょう。しかし、そんなことにまどわされてはいけません。かじを取っている「内なる心」の知恵によって、たとえ、時には一番遠回りしているように見えたとしても、実際には最も近い道を導かれているのです。

このアドバイスは、今初心者であるあなた方には必要ですが、あなたが実習を積んで成長するに従って、これらの知恵はあなたの存在そのものの一部になり、意識的に努力しなくても、自動的に機能するようになります。

するとどういう結果が起るのでしょうか？　あなたがゴールをいつもしっかりと保持し、しかも完全に秘密にしておくと、「外なる心」は次第に高まってゆくエネルギーの出口を見つけられず、ボイラーの安全弁から蒸気が放出するように、絶望にかられてどこかへ行ってしまいます。そしてあなたの目標は達成されるというわけです。

これで私の教えは終りです。あとは、あなたが、学んだことを実行するだけです。宇宙の法則に沿って生きていると、人々はあなたに気がつくようになります。人々は、どうしてなのかわからないまま、路上や、社交や仕事の場で、本能的にあなたに魅《ひ》きつけられるのです。あなたは世間から見て、とても不思議な存在となります。だからと言って、慢心してはいけません。ただ謙虚な態度で、こうしたことを可能にしてくれた至高の力に対して、感謝の念をささげなさい。

訳者あとがき

本書、『マスターの教え「富と知恵と成功」をもたらす秘訣』はこれまで、『運命の貴族となるために』というタイトルで出されていたものです。出版後5年以上が経過したのを機会に、今回、新しい装丁で出されることになりました。それと同時に、タイトルも変えて、まったく新しい顔で出版する事にしました。

内容に関しては、いにしえからの真理を伝えているということで、原文どうりにしてあります。

この本は巻頭のことばにも述べられているように、とても不思議な本です。そして、すばらしい本だと思います。今から、70年以上も前、すなわち1929年にカリフォルニア出版から出されたもので、作者についてはジョン・マクドナルドということしかわかっていません。

1993年になって、マーク・アレンという人が作ったニュー・ワールド・ライブラリー出版から再版されました。原題は『THE MESSAGE OF A MASTER』(『あるマスターからのメッセージ』)で、副題は、『Classic Tale of Wealth, Wisdom, & The Secret of Success』(『富と知恵と成功の秘密に関する古典的な物語』)となっています。

ジョン・マクドナルドが書いている言葉の繰り返しになりますが、次の言葉にすべてが言いあらわされています。

「本書は宇宙の法則に沿って書いてあります。ページの中に、説明の出来ない『何か』が確実にあります。そして、それが、すばらしい霊力を持ち、読者にダイナミックな確信と気づきを与えてくれます」

本書をゆっくりと深く考えながらくり返し、読んでいただきたいと思います。そして、あなた自身について考え、あなたの気づきを深めてください。

「あなたの望みはなんですか?」
「あなたの夢はなんですか?」
「あなたにとって、成功とはなんですか?」
「あなたは仕事に何をもとめているのですか?」

そして、もうひとつ大切なことは、瞑想の時間を持っていただきたいということです。本書にあるパワーのある言葉をマントラとしてとなえ、そのことばがあなたにとって、どのような意味をもつのかを、考えてください。あなたの「内なる心」はあなたに何をささやきかけているでしょうか？

「不思議なことは、誰の人生にもよく起るものです。しかし、私たちはそれを無視してしまいます。それはよく分かっていないからです。そして、それが、単なる偶然にすぎないと思ってしまうのです」

……おそらく、単なる偶然ではない、何か不思議な力が働いて、私たちの翻訳で世にでるようになったのです。具体的にいえば、この本の版権が、以前から飛鳥新社に保有されていて、飛鳥新社と私たちが何か一緒に仕事をしようというときに、あがってきたのでした。

今、世の中は変わり目にあります。この本は今という今、多くの人々に読んでいただきたい本なのです。本書をマスターして、「あなたの運命の主人となってください」、「あなたの中にある、本当の力にふれてくださ い」、そして、あなたの人生をあなたの望むとおりのものとしていただきたいと思います。

あなたの中にあるパワーに同調することを学んだ時、あなたはのぞむものすべてをふんだんに手に入れることができるでしょう。あなたの中にしっかりと保たれた思いは必ず実現することでしょう。

あなたが本当の心、すなわち「内なる心」から仕事をするとき、あなたは個人を越えた無限の宇宙の助けを呼びさまし、受け取ることでしょう。

本書をあなたのやりかたで理解し、あなたの友人としてください。「欲するものすべてを、しかも限りなく手にいれることは、あなたが天から受けついだ運命であり、生まれつき持っている権利です」

この本は「たましい」について書いてある本ということもできるでしょう。「内なる心」はあなたの「たましい」ということもできます。この「たましい」は宇宙の力とつながっているのです。だからこそ、この本は時代をこえて、受け継がれてきているのです。

最近、友達から、この本に書いてあるようなことを実際に体験した話を聞かせてもらいました。彼の人生は確実に良い方向に変わりつつありました。だれの人生にも不思議なことが必ず起るのだと、私たちは確信しています。

きっと、用意ができた時にそれは起るのでしょう。

この本があなたの成功の助けとなることを信じています。本書が生まれるきっかけとなりました徳永修さん、飛鳥新社の藤代勇人さん、野口英明さん、美しい装幀をしてくださった熊澤正人さんに心から感謝します。

２００１年５月

山川紘矢・亜希子

訳者紹介

山川紘矢（やまかわ こうや）

1941年、静岡県生まれ。65年、東京大学法学部を卒業し、大蔵省に入省。マレーシア、アメリカなどの海外勤務を経て、大蔵省財政金融研究所研究部長を務め、87年に退官。現在は翻訳家。

山川亜希子（やまかわ あきこ）

1943年、東京都生まれ。65年、東京大学経済学部を卒業。マッキンゼー・アンド・カンパニーなどの勤務を経て、現在は翻訳家。

共訳として、『アウト・オン・ア・リム』（角川文庫）、『聖なる予言』『人生を変える力・第11の予言』（以上、角川書店）、『魂の療法』（PHP研究所）、『カミーノ魂の旅路』『ホワンの物語』（以上、飛鳥新社）、『なまけ者のさとり方』『アルケミスト』（以上、地湧社）など多数。また、山川紘矢として『天使クラブへようこそ』（マガジンハウス）、山川亜希子として『天使の瞑想 』（角川書店）がある。

インターネット・ホームページ
http://www2.gol.com/users/angel/
http://www.tcp-ip.or.jp/~hirai/

※本書は、『運命の貴族となるために』（1996年　飛鳥新社刊）の新装版です。

マスターの教え

《富と知恵と成功》をもたらす秘訣

2001年6月27日　第1刷発行
2002年3月3日　第3刷発行

著　者　ジョン・マクドナルド
訳　者　山川紘矢・亜希子
装　丁　熊澤正人
発行者　土井尚道
発行所　株式会社　飛鳥新社
東京都千代田区神田神保町3-10
神田第3アメレックスビル(〒101-0051)
電話　(03)3263-7770［営業］
(03)3263-7773［編集］

印刷・製本　日経印刷株式会社

http://www.asukashinsha.co.jp/

ISBN4-87031-470-3